3–5 JAHRE

Kleine Denkschule 1

Little school of thinking
La petite école de pensée
La pequeña escuela de pensamiento
A pequena escola de pensamento

bambinoLÜK®

westermann
lernspiel

So einfach spielst du bambinoLÜK:

Öffne das bambinoLÜK-Lösungsgerät und lege es auf dein aufgeschlagenes bambinoLÜK-Heft.

Lege die sechs Plättchen mit den Symbolen nach oben auf die Aufgaben mit den gleichen Symbolen,

also das Plättchen mit dem roten Symbol Haus auf die Aufgabe mit dem roten Symbol Haus oben links in der Ecke.

Wenn die Plättchen auf den Aufgaben liegen, nimmst du das Plättchen mit dem Symbol Haus und

siehst dir die Aufgabe an, auf der das Plättchen lag.

Welches Bild auf der unteren Seite passt wohl dazu? Lege das Plättchen auf dieses passende Bild.

Mach es ebenso mit den anderen fünf Plättchen und Aufgaben.

Schließe dann das bambinoLÜK-Lösungsgerät und drehe es nach oben um.

Jetzt siehst du das bei der Übung abgebildete Lösungsmuster.

Alles richtig?
Und nun viel Spaß!

© 2016 Westermann Lernspielverlage GmbH, Braunschweig 2018 2017
Autor: Michael Junga
Illustrationen: Doro Ostgathe, Essen
Druck und Verarbeitung: westermann druck GmbH, Braunschweig
ISBN 978-3-8377-7506-8

It's easy to play with bambinoLÜK:

Open the bambinoLÜK control unit und place it on the open bambinoLÜK workbook. Put the six tiles symbol side up on the exercises with the same symbol, for example the tile with the red symbol 'house' on the exercise with the red symbol 'house' on the upper left hand corner. When you have placed all the tiles on the exercises, take up the tile with the symbol 'house' and look at the exercise on which it was placed. Which picture underneath matches it? Put the tile on the matching picture. Repeat for the other five tiles and exercises. Close the bambinoLÜK control unit and turn it over. Now you can see the pattern made by the six tiles.

Everything OK?
And now have fun !

C'est facile de jouer avec bambinoLÜK:

Ouvre le boîtier de contrôle bambinoLÜK et place-le sur le livret bambinoLÜK ouvert. Dispose les six cartes avec les symboles face visible sur l'empl acement avec les symboles correspondants, par exemple a carte avec le symbole rouge «maison» sur l'emplacement avec le symbole rouge «maison» en haut à gauche. Quand tu as disposé toutes les cartes, tu prends la carte symbole «maison» et tu regardes l'image correspondante. Quelle image située en dessous correspond à celle-ci? Pose la carte sur l'image correspondante. Continue de la même façon avec les cinq cartes et emplacements suivants. Puis, ferme le boîtier de contrôle bambino LÜK et tourne-le vers le haut. Maintenant tu peux voir le motif représenté par l'exercice.

Tout est exact ? Amuse-toi bien avec bambinoLÜK !

Así de fácil es jugar con bambinoArco:

Abre el cuaderno de ejercicios y coloca el estuche abierto sobre él, alineando los cuadrados del estuche de soluciones con los del cuaderno. Coloca las fichas con el símbolo hacia arriba en la tapa y en la casilla del cuaderno con el mismo símbolo; por ejemplo, la ficha con el "coche" sobre el "coche" en el cuaderno. Ahora toma la ficha "casa" y mira el ejercicio en el cual estaba situada. ¿Qué dibujo se repite abajo? Coloca la ficha en la parte inferior del estuche, sobre el mismo dibujo. Repite la operación con las otras cinco fichas. Cierra el estuche y gíralo. Ahora podrás ver que se forma un dibujo, si coincide con el del libro has respondido correctamente. Si coincide con el del libro, has respondido correctamente. Si no, repite otra vez el proceso con las fichas equivocadas.

¡Y ahora diviértete!

É tão fácil jogar bambinoLÜK:

Abra a caixa bambinoLÜK e coloque sobre o caderno de exercícios aberto. Coloque os seis quadrados com símbolos sobre os desenhos correspondentes. Por exemplo, coloque o quadrado com o símbolo da Casa sobre o exercício com o símbolo vermelho Casa (canto superior esquerdo). Quando tiver colocado todas os quadrados nos desenhos respetivos, inicie o exercício com o símbolo Casa. Que imagem corresponde a esse exercício? Coloque sobre a sua resposta. Repita o processo para os outros cinco quadrados e exercícios. Depois feche a caixa bambinoLÜK e vire para cima. Pode agora ver o desenho da solução e o resultado do exercício.

Acertou?
Então divirta-se!

2

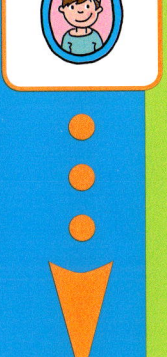

3

4

5

6

7

8

g

10

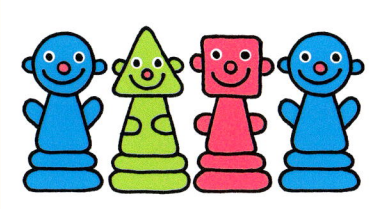

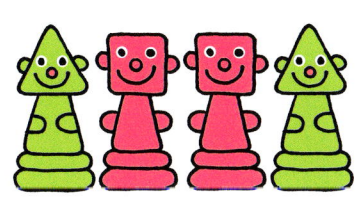

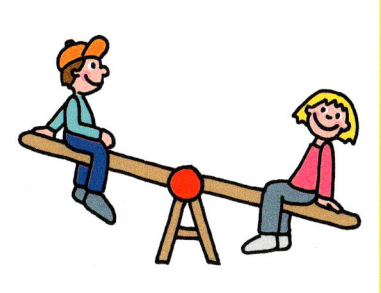

Inhalt Content
Contenu Índice Conteùdo

Die Übungen trainieren das genaue Beobachten und Zuordnen von Bildern, Formen und Mengen. Gefunden werden sollen gleiche Abbildungen unter Beachtung des richtigen Bezugs. Alle Übungen stärken die Wahrnehmungs- und Konzentrationsfähigkeit der Kinder und über den intuitiven Ansatz und das integrierte Rückmeldesystem zum Lernerfolg zusätzlich auch ihre Motivation und ihren Lerneifer.

The exercises train exact observation and the matching of pictures, shapes and quantities. The task is to find the same images, taking into account the correct reference. All exercises promote the children's cognitive abilities and concentration and, with the intuitive approach and integrated feedback system on the learning progress, they also strengthen their motivation and eagerness to learn.

Les exercices entraînent l'observation précise et l'association des images, des formes et des quantités. Les mêmes illustrations doivent être trouvées en tenant compte de la bonne correspondance. Tous les exercices renforcent la capacité de perception et de concentration des enfants et, par l'approche intuitive et le système de rétroaction intégré, le succès de l'apprentissage ainsi que leur motivation et leur désir d'apprendre.

Los ejercicios mejoran la observación y clasificación única de las imágenes, formas y cantidades. Deben encontrarse las mismas ilustraciones de acuerdo con la referencia correcta. Todos los ejercicios fortalecen la capacidad de observación y concentración del niño, así como el enfoque intuitivo y el sistema de retroinformación integrado para obtener un buen resultado en el aprendizaje además de motivación y aplicación.

Os exercícios treinam a concentração e a ordenação de imagens, formas e quantidades. O objetivo é descobrir as mesmas imagens face à referência correta. Todos os exercícios estimulam a capacidade de percepção e concentração das crianças, como também a sua motivação e aprendizagem, graças à interface intuitiva e ao sistema de resposta integrado.

bambinoLÜK

Plättchen für Plättchen zum Erfolg!
Mit dem bambinoLÜK-Kontrollgerät.

- Einfache Übungen ohne Text zur Förderung des genauen Beobachtens, Vergleichens und Zuordnens. Von Kindern selbst zu lösen.
- Simple exercises without texts to be completed by children without supervision: to encourage accurate observation, comparing and relating things to each other.
- Exercices simples, sans textes, à résoudre par les enfants eux-mêmes. Encourage à observer avec précision, à comparer, classer
- Ejercicios sencillos sin texto, para ser resueltos por los niños sin necesidad de supervisión. Desarrollan la capacidad de observación relacionando y comparando objetos similares.
- Exercícios simples, sem texto, que podem ser resolvidos pelas próprias crianças: Promove observação precisa, comparação e associação.

Kleine Denkschule 1
ISBN 978-3-8377-7506-8